LIBRO DE RECETAS

KETO

RECETAS KETOGÉNICAS DE PANES Y BARRITAS PARA HACER CON SU PANIFICADORA Y HORNO

Sharon Basiar

LA FELICIDAD ESTÁ EN EL AROMA FRESCO DE PAN RECIÉN HORNEADO

INDICE

INTRODUCCÍON

Los nutrientes que se consumen en la dieta ketogénica o cetogénica se dividen en dos grupos esenciales: los macronutrientes y los micronutrientes. Los macronutrientes son, por ejemplo, los hidratos de carbono, las proteínas y las grasas, mientras que los micronutrientes son los minerales y las vitaminas que se encuentran en los alimentos que consumimos.

Micronutrientes

Una de las diferencias entre los micronutrientes y los macronutrientes es la cantidad que hay que consumir. Mientras que es necesario consumir más macronutrientes, no se puede decir lo mismo de los micronutrientes, que deben consumirse en menos cantidad. Sin embargo, esto no significa que los micronutrientes sean menos importantes. En realidad, son muy importantes para el buen funcionamiento del organismo. Los micronutrientes contribuyen a regular los niveles de energía del cuerpo, a mantener un ritmo metabólico saludable y a mantener una función celular sana, así como la salud y el bienestar general de todo el organismo.

Macronutrientes

Los macronutrientes son esencialmente aquellos alimentos que consumimos para suministrar a nuestro cuerpo la energía que necesitamos para sobrevivir. Estos alimentos son de tres tipos: principalmente proteínas, grasas e hidratos de carbono. El cuerpo necesita estos nutrientes en cantidades importantes para funcionar bien y para crecer y desarrollarse. Cada tipo de alimento aporta una determinada cantidad de macronutrientes al organismo y el hecho de que estos macronutrientes sean saludables o no depende de lo que se consuma.

Las grasas pueden dar miedo cuando se oye hablar de ellas por primera vez. Pero no hay que tener miedo. Los alimentos grasos que se mencionan aquí son grasas saludables, que son una parte necesaria de su ingesta diaria de alimentos. Estas grasas son vitales para el desarrollo de la funcionalidad del cerebro, el crecimiento y el desarrollo de las células, así como para que el cuerpo, pues pueden descomponer y absorber las vitaminas. Entre los alimentos que son una fuente de grasas saludables se encuentran las semillas, como las de calabaza, las de lino y las de chía; los frutos secos, como los cacahuetes, las nueces y las almendras; y las frutas, como las aceitunas y los aguacates.

Los hidratos de carbono son la principal fuente de glucosa del organismo, que se obtiene al descomponer los azúcares que contienen.

Las proteínas son muy importantes para el funcionamiento general del organismo. Desde las reparaciones necesarias hasta un sistema inmunitario sano y la regeneración celular, las proteínas desempeñan un papel muy importante.

Beneficios de la dieta Keto para su salud

Se consigue reducir la cantidad de glucosa y los niveles de azúcares en el cuerpo, especialmente en el caso de los pacientes con diabetes. Esto se debe al estado de ketosis que experimenta su cuerpo, lo que significa que tiene menos glucosa producida en el cuerpo. Los estudios han demostrado la reducción de la glucosa en sangre en el cuerpo conocido como hba1c- especialmente para los pacientes que sufren de diabetes tipo 2. Esta reducción de los niveles de glucosa en la sangre y el control alcanzado como resultado pueden -a largo plazo- ayudar a reducir el riesgo de complicaciones.

Se pierde peso. Las dietas keto permiten no sólo perder peso, sino también mantenerlo saludable. Para que el cuerpo se encuentre en un estado de ketosis, se deben consumir menos cantidades de carbohidratos, lo que dará lugar a la pérdida de peso, así como a un aumento y mejora de la tasa metabólica.

Otro beneficio para la salud de la dieta keto es un hígado más saludable. Esto se debe a la reducción de la cantidad de grasas en el hígado a largo plazo. La acumulación de grasa da lugar a la diabetes tipo 2 y a las enfermedades del hígado graso, también. El control de sus niveles de azúcares en la sangre debido a la dieta keto ayudan reducir los antojos de alimentos en general en el cuerpo. Métodos como el ayuno intermitente (si) pueden ser utilizados por aquellos que están bajo la dieta keto porque generalmente pueden pasar más tiempo sin consumir alimentos.

Riesgos asociados a la dieta keto

Como todo en la vida, las dietas keto también tienen sus riesgos, que es importante conocer. Estos riesgos incluyen los siguientes:

Riesgo de padecer cálculos renales

Desarrollar cálculos renales es un posible efecto secundario de seguir una dieta ketogénica por un largo período. Los cálculos renales son el resultado de consumir más proteína animal, lo que -a largo plazo- hace que su orina sea más ácida, junto con un aumento de ácido úrico y calcio. Este es el escenario perfecto para la formación de cálculos renales. Es importante tener en cuenta que el ácido úrico elevado en el cuerpo es también la causa principal de la gota. Por lo tanto, las dietas ketogénicas no se recomiendan a aquellas personas con problemas renales.

En el caso de los pacientes que sufren de diabetes, deben proceder con precaución mientras realizan la dieta ketogénica y, preferiblemente, deben tener un seguimiento constante con su médico. Esto se debe a que, por mucho que los niveles de azúcares en sangre reducidos y controlados sean beneficiosos, un descenso significativo puede resultar perjudicial. Las dietas keto exigen una reducción de la ingesta de carbohidratos, lo que significa que se produce menos azúcares en el cuerpo, provocando momentos de hipoglucemia, y esto es especialmente peligroso para los pacientes con diabetes tipo 1.

Otro riesgo de la dieta keto es la deshidratación. Esto se debe a la menor cantidad de carbohidratos consumidos, lo que significa que también se produce menos glucosa. Otro riesgo es la pérdida del número de electrolitos en el cuerpo, donde los riñones se ven obligados a liberar más electrolitos debido a la menor cantidad de insulina disponible. Esta combinación puede dar lugar al desarrollo de la *keto-gripe*, que se caracteriza por dolor de cabeza, fatiga, náuseas, calambres e irritabilidad, entre otros síntomas.

Una reducción en el número de carbohidratos consumidos puede resultar en una deficiencia de nutrientes también. La razón es que cada vez se consume menos fibra. Los niveles de potasio también se reducen debido a la disminución del número de alimentos con almidón. Por lo tanto, aquellos que están siguiendo la dieta keto necesitan hacer la elección consciente de tener siempre más tipos de alimentos keto que pueden ser una fuente de potasio, como el aguacate, la chía y las semillas de lino.

También se sabe que la dieta keto causa estreñimiento. Esto se debe a la restricción de alimentos ricos en fibra. Esto conduce a una menor laxación. También es importante tener en cuenta que en los primeros días o semanas en la dieta keto, como el cuerpo se está ajustando, puede experimentar episodios de diarrea. Esto se debe a que el cuerpo todavía se está adaptando a la digestión de grandes cantidades de grasas.

Las dietas keto pueden provocar una rápida pérdida de músculo. La pérdida de músculos puede ser perjudicial, especialmente a medida que se envejece. También puede provocar una reducción de la actividad y un aumento del riesgo de caídas.

Conozca su panificadora

Tómate tu tiempo para familiarizarte con la máquina. Debe haber una tapa con bisagras que pueda levantarse y cerrarse, una ventana para ver el interior de la olla y un pequeño respiradero. Junto a la tapa, debe haber un panel de control con los botones de función.

En el interior de la panificadora, verás un recipiente o cubeta para el pan con un asa. Funciona como recipiente para mezclar y hornear. En el centro de la cubeta hay una pequeña paleta de pan o cuchilla amasadora. Debe retirarse una vez que se haya terminado de hornear. Tanto la cubeta como la cuchilla son desmontables.

Familiarícese con los ajustes

El panel de control contiene la pantalla de visualización y los botones de función. Puedes encontrar estos botones:

⇒ Seleccionar
⇒ Parar/Arrancar
⇒ Color de la corteza
⇒ Temporizador o Flecha

Cuando enchufes la máquina, automáticamente estará en la configuración por defecto, que es el botón Básico.

Cuando elija el botón Seleccionar, encontrarás varias opciones de configuración en función del tipo de pan que quiera hacer. Las opciones más comunes serían:

⇒ Blanco o Básico
⇒ Trigo integral
⇒ Francés
⇒ Pizza
⇒ Multigrano

Encontrarás una opción de modo de horneado -Horneado, Horneado rápido, Masa y Sándwich. Este botón determinará la secuencia de mezclado, amasado, fermentación y posterior horneado. Por ejemplo, usted eligió el modo Masa. La máquina se detendrá sin cocinar la masa. En este momento, tendrá que abrir la tapa y sacar la masa. Después la sacará para volver a darle forma y cocinarla en el horno.

Para ello, sólo tendrá que pulsar el botón de selección hasta alcanzar el ajuste deseado.

También está el botón de ajuste de tamaño -Pequeño, Mediano, Grande, X-Grande (a veces también será en términos de tamaño de pan, por ejemplo, ½ kg o 1 kg).

También encontrarás el ajuste de corteza (que no está disponible en todas las máquinas). Si hay un botón de corteza en su máquina, habrá tres ajustes para elegir -*Light, Medium, Dark*. La máquina siempre arrancará con el ajuste por defecto, que es el medio. Normalmente, el botón de corteza no funcionará hasta que haya seleccionado el ciclo de masa y antes de pulsar el botón de inicio.

Cuando utilice el botón Temporizador, consulte la receta que desee seguir. Una vez que haya colocado la cubeta de pan en la máquina y haya cerrado la tapa, deberá seleccionar el ciclo necesario. Puede utilizar los botones de las flechas para ajustar el tiempo en la pantalla.

Pulsará el botón de Inicio para comenzar a hornear el pan.

No necesitas controlar el tiempo de cocción porque ya ha ajustado el temporizador y el ajuste del ciclo.

RECETAS

LOW-CARB

1. Barritas de coco

Tiempo de preparación: 10 minutos
Tiempo de cocción: 15 minutos
Raciones: 6

INGREDIENTES:

⟹ 3 huevos grandes
⟹ 1 cucharadita de vainilla
⟹ 2 tazas de coco rallado
⟹ ¼ taza de almendras picadas
⟹ 1 cucharada de semillas de chía
⟹ 2 cucharadas de swerve
⟹ 2 cucharadas de mantequilla de almendras
⟹ ½ taza de aceite de coco
⟹ ¼ de taza de harina de linaza
⟹ Una pizca de sal

INSTRUCCIONES:

1. Vierta 2 tazas de agua en la olla instantánea, luego coloque un trébol en la olla.
2. Forrar un molde para hornear con papel vegetal y reservarlo.
3. Añadir todos los ingredientes en el bol grande y mezclar hasta que la mezcla esté pegajosa.
4. Añadir la mezcla al molde preparado y extenderla uniformemente con las palmas de las manos.
5. Cubra el molde con papel de aluminio y colóquelo sobre el trébol de la olla instantánea.
6. Selle la olla con la tapa y seleccione manual y programe el temporizador para 15 minutos.
7. Libere la presión utilizando el método de liberación rápida y luego abra la tapa.
8. Cortar la barra en rodajas y meterla en el frigorífico durante 1-2 horas.

NUTRICIÓN:

⟹ Calorías: 376
⟹ Grasa: 36,4 g
⟹ Carbohidratos: 8,4 g
⟹ Proteínas: 7,2 g

2. Barritas de nueces de chia

Tiempo de preparación: 10 minutos
Tiempo de cocción: 25 minutos
Raciones: 10

INGREDIENTES:

⇒ 1 taza de mantequilla de almendras
⇒ 2 ½ cucharadas de swerve
⇒ 2 cucharadas de semillas de chía
⇒ ¼ cucharadita de canela
⇒ ½ taza de harina de almendras
⇒ ¼ de taza de cacao en polvo sin azúcar
⇒ ¼ taza de avellanas picadas
⇒ 1 taza de almendras picadas
⇒ Una pizca de sal

INSTRUCCIONES:

1. Forrar una fuente de horno con papel pergamino y reservarla.
2. Vierte 1 taza de agua en la olla instantánea y coloca el trébol en la olla.
3. Añade la mantequilla de almendras, el swerve, la canela, la harina de almendras, el cacao en polvo, las avellanas, las almendras y la sal en el procesador de alimentos y procesa hasta que esté suave.
4. Transferir la mezcla al bol grande. Añadir las semillas de chía y mezclar bien.
5. Transfiera la mezcla a la fuente de horno preparada y extienda la mezcla uniformemente.
6. Cubra la fuente de horno con papel de aluminio y colóquela sobre la trébede de la olla instantánea.
7. Selle la olla con la tapa y seleccione manual y programe el temporizador para 15 minutos.
8. Deje que se libere la presión de forma natural durante 10 minutos y luego libérela con el método de liberación rápida.

9. Abra la tapa con cuidado. Saque la fuente de la olla instantánea y déjela enfriar durante 20 minutos.
10. Cortar la barra en rodajas y servir.

NUTRICIÓN:

⟹ Calorías. 122
⟹ Grasa: 10,3 g
⟹ Carbohidratos: 5,9 g
⟹ Proteínas: 4,6 g

3. Tarta De Queso Y Chocolate

Tiempo de preparación: 10 minutos
Tiempo de cocción: 35 minutos
Raciones: 6

INGREDIENTES:

⇒ 450 g de queso crema
⇒ 2 huevos grandes
⇒ 4 cucharadas de cacao en polvo sin azúcar
⇒ 2 cucharadas de nata para montar
⇒ ½ cucharadita de vainilla
⇒ 2 cucharaditas de harina de coco
⇒ ½ taza de *swerve*

Para la cobertura

⇒ 2 cucharaditas de *swerve*
⇒ ½ taza de crema agria

INSTRUCCIONES:

1. Engrasar el molde con mantequilla y forrarlo con papel vegetal. Reservar.
2. Añadir el queso crema, el cacao en polvo, la nata para montar, la vainilla, la harina de coco y el *swerve* en el bol grande y mezclar hasta que estén bien combinados utilizando una batidora de mano.
3. Añadir los huevos de uno en uno y mezclar hasta que estén bien combinados.
4. Verter la masa de la tarta de queso en el molde preparado.
5. Vierta 1 ½ tazas de agua en la olla instantánea, luego coloque un trébol en la olla.
6. Coloque el molde de la tarta encima de la trébede.
7. Sellar la olla con la tapa y cocinar a alta presión manual durante 35 minutos.

8. Deje que se libere la presión de forma natural y luego abra la tapa. Sacar el molde de la olla y dejarlo enfriar completamente.
9. Mezclar los ingredientes de la cobertura y repartirlos por encima del pastel.
10. Colocar el pastel en la nevera durante 3-4 horas.
11. Cortar y servir.

NUTRICIÓN:

⇒ Calorías: 376
⇒ Grasa: 35,1 g
⇒ Carbohidratos: 7,9 g
⇒ Proteínas: 9,9 g

RECETAS

SIN GLÚTEN

4. Panecillos sabrosos

Tiempo de preparación: 2 horas
Tiempo de cocción: 25 minutos
Raciones: 8

INGREDIENTES:

⇒ 500 g de harina de almendra
⇒ 3 cucharadas de polvo de cáscara de *psilio*
⇒ 2 cucharaditas de polvo de hornear
⇒ 3 cucharadas de proteína de suero en polvo
⇒ 2 cucharaditas de insulina
⇒ 2 cucharaditas de levadura seca activa
⇒ 2 claras de huevo
⇒ 2 huevos

⇒ ¼ de taza de mantequilla
⇒ 1/3 de taza de agua tibia
⇒ ¼ de taza de yogur griego

INSTRUCCIONES:

1. Añade todos los ingredientes a la máquina de pan.
2. Seleccione el ajuste de masa.
3. Cuando termine el tiempo, transfiera la masa a la superficie enharinada. Dale forma de bola y luego córtala en unos 8 trozos uniformes.
4. Forre un molde para tartas con papel vegetal. Formar 8 bolas de masa. Cubrir la fuente con film transparente engrasado y dejarlas reposar durante 60 minutos en un lugar cálido.
5. Calentar el horno a 180ºC y hornear durante 15 minutos.
6. Cubrir con papel aluminio y hornear durante 10 minutos más.

NUTRICIÓN:

⇒ Calorías: 257
⇒ Grasa: 20,1g
⇒ Carbohidratos totales: 7,1 g
⇒ Proteínas: 12,4 g

5. Pan Paleo Esponjoso

Tiempo de preparación: 10 minutos
Tiempo de cocción: 40 minutos
Raciones: 15

INGREDIENTES:

⇒ 300 g de harina de almendra
⇒ 5 huevos
⇒ 1 cucharadita de jugo de limón
⇒ 1/3 de taza de aceite de aguacate
⇒ 1 pizca de pimienta negra
⇒ ½ cucharadita de sal marina
⇒ 3 a 4 cucharadas de harina de tapioca
⇒ 1 a 2 cucharaditas de semillas de amapola
⇒ ¼ de taza de linaza molida
⇒ ½ cucharadita de bicarbonato de sodio

Cubrir con:

⟹ Semillas de amapola
⟹ Semillas de calabaza

INSTRUCCIONES:

1. Precaliente el horno a 180°C.
2. Forrar un molde para hornear con papel vegetal y reservarlo.
3. En un tazón, agrega los huevos, el aceite de aguacate y el jugo de limón y bate hasta combinar bien.
4. En otro bol, añadir la harina de tapioca, la harina de almendra, el bicarbonato, la linaza, la pimienta negra y las semillas de amapola. Mezclar.
5. Añadir la mezcla de zumo de limón a la mezcla de harina y mezclar bien.
6. Añadir la masa en el molde de pan ya preparado y cubrir con semillas de calabaza y semillas de amapola (opcional).
7. Cubrir el molde y meterlo en el horno.
8. Hornear durante 20 minutos. Retirar la tapa y hornear hasta que al insertar un palillo éste salga limpio, después de unos 15 a 20 minutos.
9. Sacar del horno y dejar enfriar.
10. Cortar y servir.

NUTRICIÓN:

⟹ Calorías: 149
⟹ Grasa: 12,9 g
⟹ Carbohidratos: 4,4 g
⟹ Proteínas: 5 g

6. Pan Picante

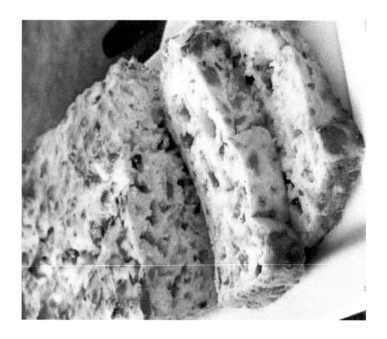

Tiempo de preparación: 10 minutos
Tiempo de cocción: 40 minutos
Raciones: 6

INGREDIENTES:

- ⇒ 130 g de harina de coco
- ⇒ 6 huevos
- ⇒ 3 jalapeños grandes, en rodajas
- ⇒ 100 g de tocino de pavo, en rodajas
- ⇒ ½ taza de *ghee*
- ⇒ ¼ de cucharadita de bicarbonato de sodio
- ⇒ ¼ de cucharadita de sal
- ⇒ ¼ de taza de agua

INSTRUCCIONES:

1. Precaliente el horno a 200°C.
2. Cortar el tocino y los jalapeños en una bandeja de horno y asar durante 10 minutos.
3. Dale la vuelta y hornea durante 5 minutos más.
4. Retirar las semillas de los jalapeños.
5. Colocar los jalapeños y las rebanadas de tocino en un procesador de alimentos y licuar hasta que quede suave.
6. En un bol, añadir el ghee, los huevos y ¼ de taza de agua. Mezclar bien.
7. A continuación, añadir la harina de coco, el bicarbonato y la sal. Remover para mezclar.
8. Agregar la mezcla de tocino y jalapeños.
9. Engrasar el molde para pan con ghee.
10. Verter la masa en el molde para pan.
11. Hornear durante 40 minutos.
12. Disfrutar.

NUTRICIÓN:

⇒ Calorías: 240
⇒ Grasa: 20 g
⇒ Carbohidratos: 5 g
⇒ Proteínas: 9 g

7. Pan De Mango Húmedo

Tiempo de preparación: 30 minutos
Tiempo de cocción: 55-60 minutos
Raciones: 8-10 rebanadas

INGREDIENTES:

⇒ 250 g de harina de almendra finamente molida
⇒ 1/2 taza de trozos de chocolate semidulce
⇒ 2-3 mangos maduros
⇒ 1¼ taza de nueces de macadamia tostadas/pecanas, picadas gruesas
⇒ 3/8 de taza de mantequilla sin sal, derretida
⇒ 1/4 de taza de edulcorante: xilitol o una combinación de 1/4 de taza de eritritol y 1/4 de taza de xilitol
⇒ 3 huevos grandes, ligeramente batidos
⇒ 1 cucharada de levadura en polvo

- ⇒ 4 cucharadas de yogur natural o leche de coco
- ⇒ 1 cucharadita de bicarbonato de sodio
- ⇒ 1 cucharadita de extracto de vainilla

INSTRUCCIONES:

1. Añadir todos los ingredientes a la máquina de pan.
2. Seleccione la opción de masa y pulse Inicio. Mezcle los ingredientes durante unos 4-5 minutos. A continuación, pulse el botón Stop.
3. Alise la parte superior del pan.
4. Selecciona el modo Horneado y pulsa Inicio. Deja que se hornee durante unos 55 minutos.
5. Retira el pan de la panificadora y déjalo reposar durante 10 minutos.
6. ¡Disfruta!

NUTRICIÓN:

- ⇒ Calorías: 380
- ⇒ Grasa: 11 g
- ⇒ Carbohidratos totales: 46 g
- ⇒ Proteínas: 5 g

8. Pan De Nube Esponjoso

Tiempo de preparación: 25 minutos
Tiempo de cocción: 25 minutos
Raciones: 6

INGREDIENTES:

⟹ 1 pizca de sal
⟹ ½ cucharada de polvo de cáscara de psilio molido
⟹ ½ cucharada de levadura en polvo
⟹ ¼ de cucharadita de crema de tarta
⟹ 3 huevos, separados
⟹ ½ taza de queso crema

INSTRUCCIONES:

1. Precalentar el horno a 150°C y forrar una bandeja de horno con papel vegetal.
2. Batir las claras de huevo en un bol hasta que se formen picos suaves.
3. Mezclar las yemas de huevo con el queso crema, la sal, el cremor tártaro, la cáscara de psilio en polvo y la levadura en polvo en un bol.
4. Añadir las claras con cuidado y transferirlas a la bandeja de horno formando unos 4 o 6 bollitos.
5. Introducir en el horno y hornear durante 25 minutos.
6. Retirar del horno y servir.

NUTRICIÓN:

⇒ Calorías: 185
⇒ Grasa: 16,4 g
⇒ Carbohidratos: 3,9 g
⇒ Proteínas: 6,6 g

9. Pan De Levadura KETO

Tiempo de preparación: 5 minutos
Tiempo de cocción: 4 horas
Raciones: 16 rebanadas (1 rebanada por porción)

INGREDIENTES:

⇒ 1 paquete de levadura seca
⇒ ½ cucharadita de azúcar
⇒ 1 1/8 de taza de agua tibia a unos 40 – 50°C
⇒ 3 cucharadas de aceite de oliva o de aguacate
⇒ 1 taza de harina de gluten de trigo vital
⇒ ¼ de taza de harina de avena
⇒ ¾ de taza de harina de soja
⇒ ¼ de taza de harina de lino
⇒ ¼ taza de curso de salvado de trigo, sin procesar
⇒ 1 cucharada de azúcar
⇒ 1 ½ cucharadita de levadura en polvo
⇒ 1 cucharadita de sal

INSTRUCCIONES:

1. Mezclar el azúcar, el agua y la levadura en la panera para probar la levadura. Si la levadura no burbujea, remuévela y cámbiala.
2. Combinar todos los ingredientes secos en un bol y mezclarlos bien. Verter sobre los ingredientes húmedos en la cubeta de pan.
3. Poner la máquina de pan y seleccionar el ciclo Basis para hornear el pan. Cierre la tapa. Esto tarda de 3 a 4 horas.
4. Cuando el ciclo termine, retire el pan de la máquina de pan.
5. Enfriar sobre una rejilla antes de cortarlo.
6. Servir con mantequilla o mermelada ligera.

NUTRICIÓN:

⟹ Calorías: 99
⟹ Calorías de la grasa: 45
⟹ Grasa total: 5 g
⟹ Carbohidratos totales: 7 g
⟹ Carbohidratos netos: 5 g
⟹ Proteínas: 9 g

10. Pan Keto De Proteínas

Tiempo de preparación: 10 minutos
Tiempo de cocción: 40 minutos
Raciones: 12

INGREDIENTES:

⇒ 1/2 taza de proteína en polvo sin sabor
⇒ 6 cucharadas de harina de almendra
⇒ 5 huevos pasteurizados, separados
⇒ 1 cucharada de aceite de coco
⇒ 1 cucharadita de polvo de hornear
⇒ 1 cucharadita de goma xantana
⇒ 1 pizca de sal rosa del Himalaya
⇒ 1 pizca de estevia (opcional)

DIRECCIÓN:

1. Comience por precalentar el horno a 170°C.
2. Engrasa una fuente de cerámica para pan con aceite de coco y ponle una capa de papel vegetal.
3. Añade las claras de huevo a un bol y bátalas bien hasta que se formen picos.
4. En otro bol, mezclar los ingredientes secos.
5. Mezclar los ingredientes húmedos en otro bol y batir bien.
6. Añadir la mezcla seca y mezclar bien hasta que quede suave.
7. Añadir las claras de huevo y mezclar uniformemente.
8. Extender la masa del pan en el molde preparado.
9. Hornea el pan durante 40 minutos o hasta que esté hecho.
10. Cortar en 12 rebanadas y servir.

NUTRICIÓN:

⇒ Calorías: 165
⇒ Grasa total: 14 g
⇒ Grasas saturadas: 7 g
⇒ Carbohidratos totales: 6 g
⇒ Fibra: 3 g
⇒ Proteínas: 5 g

11.Pan Hawaiano Para La Cena

Tiempo de preparación: 10 minutos
Tiempo de cocción: 29 minutos
Raciones: 10

INGREDIENTES:

⇒ 1 ½ tazas de harina de almendra
⇒ 2 cucharaditas de polvo de hornear
⇒ 3/4 de taza de Swerve en polvo
⇒ 3 tazas de queso mozzarella rallado
⇒ 90 g de queso crema
⇒ 2 huevos
⇒ 6 gotas de aceite de aguacate
⇒ 1 cucharadita de pasta de jengibre fresco

INSTRUCCIONES:

1. Empiece añadiendo la harina de almendras, Swerve y la levadura en polvo a un bol mediano y mézclelo todo.
2. En un bol aparte, añade el queso crema y el queso mozzarella y caliéntalo durante 1 minuto en el microondas hasta que se derrita.
3. Mezclar bien y verter esta mezcla en la mezcla seca.
4. Batir bien y añadir el jengibre, el aceite y los huevos.
5. Batir bien para conseguir una masa suave y pegajosa.
6. Cortar la masa en 10 partes iguales.
7. Haz una bola con cada parte y colócalas en un molde engrasado.
8. Hornéalas durante 29 minutos o hasta que estén doradas.
9. Servir calientes.

NUTRICIÓN:

⇒ Calorías: 151
⇒ Grasa total: 12,2 g
⇒ Grasas saturadas: 2,4 g
⇒ Colesterol: 110 mg
⇒ Sodio: 276 mg
⇒ Carbohidratos totales: 32, g
⇒ Fibra: 1,9 g
⇒ Azúcar: 0,4 g
⇒ Proteínas: 8,8 g

12. Pan Keto De Almendras

Tiempo de preparación: 10 minutos
Tiempo de cocción: 55 minutos
Raciones: 7

INGREDIENTES:

⇒ ½ taza de pasta para untar
⇒ 2 cucharadas de aceite de coco
⇒ 7 huevos
⇒ 2 tazas de harina de almendra

INSTRUCCIONES:

1. Precaliente la parrilla a 180°C.
2. Forrar un recipiente para porciones con papel vegetal.
3. Bata los huevos en un recipiente a fuego alto hasta por dos minutos.
4. Añade a los huevos la harina de almendras, el aceite de coco licuado y la pasta para untar disuelta. Seguir batiendo.
5. Raspar la mezcla en el recipiente de las porciones.
6. Calentar durante 45-50 minutos o hasta que un palillo salga limpio.

NUTRICIÓN:

⇒ Calorías: 21 g
⇒ Grasa: 4,7 g
⇒ Carbohidratos: 44,2 g
⇒ Proteínas: 0 g

13. Pan keto de aceitunas

Tiempo de preparación: 10 minutos
Tiempo de cocción: 25 minutos
Raciones: 8

INGREDIENTES:

- ⇒ 3 cucharadas de aceite de oliva
- ⇒ 2 dientes de ajo machacados
- ⇒ 1¼ tazas de harina de almendra blanqueada
- ⇒ 1 cucharada de harina de coco
- ⇒ 2 cucharaditas de ralladura de limón
- ⇒ 2 cucharaditas de levadura en polvo
- ⇒ 2 cucharaditas de *Za'atar*, divididas
- ⇒ ¼ cucharadita de sal marina
- ⇒ 1 cucharada de vinagre de sidra de manzana
- ⇒ 3 claras de huevo grandes
- ⇒ ½ taza de queso Mozzarella rallado
- ⇒ ¼ de taza de aceitunas Kalamata, sin hueso, picadas
- ⇒ ½ taza de queso parmesano rallado

INSTRUCCIONES:

1. Comience por precalentar el horno a 200°C. Luego engrase un molde para pan de 9 pulgadas.
2. Ponga una sartén adecuada a fuego lento y añada el aceite y el ajo para saltearlos durante 4 minutos. Retire el ajo del aceite.
3. Batir la harina de almendras con la ralladura de limón, la harina de coco, la levadura en polvo, la sal y una cucharadita de *Za'atar* en un bol grande.
4. Mezclar 3 cucharadas de agua tibia con el vinagre en un bol pequeño aparte.
5. Batir las claras de huevo hasta que estén espumosas con una batidora de mano.
6. Añadir la mezcla de vinagre, la mezcla seca y 2 cucharadas de aceite de ajo.

---

7. Mezclar bien y añadir las aceitunas y la mozzarella.
8. Hacer una masa lisa y reservarla.
9. Mezclar 1 cucharadita de *Za'atar* y parmesano en un bol mediano.
10. Pasar la masa por la mezcla de parmesano y luego dividir la masa en trozos pequeños.
11. Colocar los trozos en la bandeja del horno y hornear durante 20 minutos hasta que estén dorados.
12. Deje enfriar y sirva.

NUTRICIÓN:

⇒ Calorías: 267
⇒ Grasa total: 24,5 g
⇒ Grasas saturadas: 17,4 g
⇒ Colesterol: 153 mg
⇒ Sodio: 217 mg
⇒ Carbohidratos totales: 8,4 g
⇒ Azúcar: 2,3 g
⇒ Fibra: 1,3 g
⇒ Proeínas: 3,1 g

14.Pan Keto De Arándanos

Tiempo de preparación: 10 minutos
Tiempo de cocción: 50 minutos
Raciones: 8

INGREDIENTES:

⇒ 5 huevos medianos
⇒ 2 tazas de harina de almendra
⇒ 2 cucharadas de harina de coco
⇒ 1/2 taza de arándanos
⇒ 1 ½ cucharaditas de polvo de hornear
⇒ 3 cucharadas de nata para montar
⇒ 1/2 taza de eritritol
⇒ 3 cucharadas de mantequilla ablandada
⇒ 1 cucharadita de extracto de vainilla

INSTRUCCIONES:

1. Comience por precalentar el horno a 180°C. Luego, forre un molde para pan de 22 x 12cm con papel vegetal y mantequilla.
2. Bata los huevos con el extracto de vainilla y el edulcorante en un tazón grande usando una batidora de mano.
3. Una vez que esté espumoso, añadir la nata para montar y mezclar bien.
4. Por separado, mezclar los ingredientes secos y húmedos en dos cuencos, y luego batirlos juntos.
5. Añadir la mantequilla y batir bien, luego añadir las bayas.
6. Repartir uniformemente la masa en el molde y hornear durante 50 minutos hasta que se dore.
7. Cortar y servir.

NUTRICIÓN:

⟹ Calorías: 201
⟹ Fat total: 2,2 g
⟹ Grasas saturadas: 2,4 g
⟹ Carbohidratos totales: 4,3 g
⟹ Fibra: 0,9 g
⟹ Proteínas: 8,8 g

Pan Keto De Semillas, Hierbas Y Pimientos

15. Pan De Ajo Y Hierbas

Tiempo de preparación: 10 minutos
Tiempo de cocción: 45 minutos
Raciones: 10

INGREDIENTES:

⇒ 130 g de harina de coco
⇒ 8 cucharadas de mantequilla derretida, enfriada
⇒ 1 cucharadita de polvo de hornear
⇒ 6 huevos grandes
⇒ 1 cucharadita de ajo en polvo
⇒ 1 cucharadita de romero seco
⇒ ¼ cucharadita de sal
⇒ ½ cucharadita de cebolla en polvo

INSTRUCCIONES:

1. Preparar el molde de la máquina de pan, engrasándolo con spray de cocina.
2. En un bol, añadir la harina de coco, la levadura en polvo, la cebolla, el ajo, el romero y la sal. Combinar y mezclar bien.
3. En otro bol, añadir los huevos, y batir hasta que burbujeen por encima.
4. Añadir la mantequilla derretida en el bol con los huevos y batir hasta que se mezclen.
5. Siguiendo las instrucciones del manual de su máquina, mezcle los ingredientes secos con los húmedos y viértalos en el molde de la panificadora, teniendo cuidado de seguir la forma de mezclar la levadura en polvo.
6. Coloque el recipiente para el pan en la máquina y seleccione el ajuste de pan básico, junto con el tamaño del pan y el tipo de corteza, si está disponible, y pulse Inicio una vez que haya cerrado la tapa de la máquina.
7. Cuando el pan esté listo, retire el recipiente de la máquina con ayuda de unos guantes de cocina.
8. Deje que se enfríe antes de cortarlo.
9. Enfriar, cortar en rebanadas y disfrutar.

NUTRICIÓN:

⟹ Calorías: 147
⟹ Grasa: 12,5 g
⟹ Carbohidratos: 3,5 g
⟹ Proteínas: 4,6 g

16. Pan De Semillas De Lino

Tiempo de preparación: 10 minutos
Tiempo de cocción: 20 minutos
Raciones: 6

INGREDIENTES:

⇒ 250 g de semillas de lino molidas
⇒ 1 cucharada de polvo de hornear
⇒ 1 ½ tazas de proteína aislada
⇒ 1 pizca de sal
⇒ 6 claras de huevo, batidas
⇒ 1 huevo batido
⇒ ¾ de taza de agua
⇒ 3 cucharadas de aceite de coco, derretido
⇒ ¼ de taza de estevia

INSTRUCCIONES:

1. En un bol, mezclar todos los ingredientes secos y remover bien.
2. En otro bol, mezclar las claras de huevo y el resto de los ingredientes húmedos, remover bien y combinar las 2 mezclas.
3. Remover el pan y mezclar bien. Verter en un molde para pan y hornear a 180°C durante 20 minutos.
4. Enfriar el pan, cortar en rebanadas y servir.

NUTRICIÓN:

⇒ Calorías: 263
⇒ Grasa: 17 g
⇒ Fibra: 4 g
⇒ Carbohidratos 2 g
⇒ Proteínas: 20 g

17. Pan Keto De Espinacas

Tiempo de preparación: 10 minutos
Tiempo de cocción: 30 minutos
Raciones: 10

INGREDIENTES:

⇒ ½ taza de espinacas picadas
⇒ 1 cucharada de aceite de oliva
⇒ 1 taza de agua
⇒ 3 tazas de harina de almendra
⇒ 1 pizca de sal y pimienta negra
⇒ 1 cucharada de estevia
⇒ 1 cucharadita de polvo de hornear
⇒ 1 cucharadita de bicarbonato de sodio
⇒ ½ taza de queso cheddar rallado

INSTRUCCIONES:

1. En un bol, mezcle la harina, con la sal, la pimienta, la estevia, el polvo para hornear, el bicarbonato de sodio y el Cheddar y revuelva bien.
2. Añade el resto de ingredientes, remueve muy bien la masa y viértela en un molde para pan forrado.
3. Cocinar a 180°C durante 30 minutos, enfriar el pan, cortar en rebanadas y servir.

NUTRICIÓN:

⇒ Calorías: 142
⇒ Grasa: 7 g
⇒ Fibra: 3 g
⇒ Carbohidratos 5 g
⇒ Proteínas: 6 g

18. Pan De Aspárragos A La Canela

Tiempo de preparación: 10 minutos
Tiempo de cocción: 45 minutos
Raciones: 8

INGREDIENTES:

⇒ 1 taza de estevia
⇒ ¾ de taza de aceite de coco derretido
⇒ 1 y ½ tazas de harina de almendra
⇒ 2 huevos, batidos
⇒ 1 pizca de sal
⇒ 1 cucharadita de bicarbonato de sodio
⇒ 1 cucharadita de canela en polvo
⇒ 2 tazas de espárragos picados
⇒ Spray para cocinar

INSTRUCCIONES:

1. En un bol, mezclar todos los ingredientes excepto el spray de cocina y remover muy bien la masa.
2. Vierta esta masa en un molde para pan engrasado con aceite en spray y hornee a 180°C durante 45 minutos-
3. Enfríe el pan, córtelo en rebanadas y sírvalo.

NUTRICIÓN:

⇒ Calorías: 165
⇒ Grasa: 6 g
⇒ Fibra: 3 g
⇒ Carbohidratos 5 g
⇒ Proteínas: 6 g

19. Pan De Col Kale Y Queso

Tiempo de preparación: 10 minutos
Tiempo de cocción: 1 hora
Raciones: 8

INGREDIENTES:

⇒ 2 tazas de col rizada picada (col kale)
⇒ 1 taza de agua tibia
⇒ 1 cucharadita de polvo de hornear
⇒ 1 cucharadita de bicarbonato de sodio
⇒ 2 cucharadas de aceite de oliva
⇒ 2 cucharaditas de estevia
⇒ 1 taza de parmesano rallado
⇒ 400 g de harina de almendra
⇒ 1 pizca de sal
⇒ 1 huevo
⇒ 2 cucharadas de albahaca picada

INSTRUCCIONES:

1. En un bol, mezclar la harina, la sal, el parmesano, la estevia, el bicarbonato y la levadura en polvo y remover.
2. Añadir el resto de los ingredientes poco a poco y remover bien la masa.
3. Pásala a un molde para pan forrado, cocina a 180°C durante 1 hora.
4. Deje enfriar, corte en rebanadas y sirva.

NUTRICIÓN:

⇒ Calorías: 231
⇒ Grasa: 7 g
⇒ Fibra: 2 g
⇒ Carbohidratos 5 g
⇒ Proteínas: 7 g

20. Pan De Remolacha

Tiempo de preparación: 1 hora y 10 minutos
Tiempo de cocción: 35 minutos
Raciones: 6

INGREDIENTES:

⇒ 1 taza de agua tibia
⇒ 450 g de harina de almendra
⇒ 1 ½ tazas de puré de remolacha
⇒ 2 cucharadas de aceite de oliva
⇒ 1 pizca de sal
⇒ 1 cucharadita de estevia
⇒ 1 cucharadita de polvo de hornear
⇒ 1 cucharadita de bicarbonato de sodio

INSTRUCCIONES:

1. En un bol, mezclar la harina con el agua y el puré de remolacha y remover bien.
2. Añade el resto de los ingredientes, remueve bien la masa y viértela en un molde para pan forrado.
3. Dejar que la mezcla suba en un lugar cálido durante 1 hora, y luego hornear el pan a 180°C durante 35 minutos.
4. Deje que el pan se enfríe.
5. Córtelo en rebanadas y sírvalo.

NUTRICIÓN:

⇒ Calorías: 200
⇒ Grasa: 8 g
⇒ Fibra: 3 g
⇒ Carbohidratos: 5 g
⇒ Proteínas: 6 g

21. Pan Keto De Apio

Tiempo de preparación: 2 horas y 10 minutos
Tiempo de cocción: 35 minutos
Raciones: 6

INGREDIENTES:

- ⇒ ½ taza de apio picado
- ⇒ 400 g de harina de almendra
- ⇒ 1 cucharadita de polvo de hornear
- ⇒ 1 cucharadita de bicarbonato de sodio
- ⇒ 1 pizca de sal
- ⇒ 2 cucharadas de aceite de coco derretido
- ⇒ ½ taza de puré de apio

INSTRUCCIONES:

1. En un bol, mezclar la harina con la sal, el polvo de hornear y el bicarbonato de sodio y remover.
2. Añadir el resto de los ingredientes, remover bien la masa, tapar el bol y guardar en un lugar cálido durante 2 horas.
3. Transfiera la masa a un molde para pan forrado y cocine a 200°C durante 35 minutos.
4. Dejar enfriar el pan, cortarlo en rebanadas y servirlo.

NUTRICIÓN:

- ⇒ Calorías: 162
- ⇒ Grasa: 6 g
- ⇒ Fibra: 2 g
- ⇒ Carbohidratos: 6 g
- ⇒ Proteínas: 4 g

22. Pan Rápido De Pepino

Tiempo de preparación: 10 minutos
Tiempo de cocción: 50 minutos
Raciones: 6

INGREDIENTES:

⇒ 1 taza de eritritol
⇒ 1 taza de aceite de coco, derretido
⇒ 1 taza de almendras picadas
⇒ 1 cucharadita de extracto de vainilla
⇒ Una pizca de sal
⇒ Una pizca de nuez moscada molida
⇒ ½ cucharadita de polvo de hornear
⇒ 1 pizca de clavo de olor
⇒ 3 huevos
⇒ 1 cucharadita de bicarbonato de sodio
⇒ 1 cucharada de canela en polvo
⇒ 2 tazas de pepino, pelado, sin semillas y rallado
⇒ 400 g de harina de coco
⇒ Spray para cocinar

INSTRUCCIONES:

1. En un bol, mezcle la harina de coco con el pepino, la canela, el bicarbonato de sodio, el clavo de olor, el polvo de hornear, la nuez moscada, la sal, el extracto de vainilla y las almendras y revuelva bien.
2. Añadir el resto de los ingredientes, remover bien y transferir la masa a un molde para pan engrasado con aceite en spray.
3. Hornea a 170°C durante 50 minutos, enfría el pan, córtalo y sírvelo.

NUTRICIÓN:

⟹ Calorías: 243
⟹ Grasa: 12 g
⟹ Fibra: 3 g
⟹ Carbohidratos 6 g
⟹ Proteínas: 7 g

23. Pan De Pimientos Rojos

Tiempo de preparación: 10 minutos
Tiempo de cocción: 30 minutos
Raciones: 12

INGREDIENTES:

⇒ 1 y ½ tazas de pimientos rojos picados
⇒ 1 cucharadita de polvo de hornear
⇒ 1 cucharadita de bicarbonato de sodio
⇒ 2 cucharadas de agua tibia
⇒ 1 y ¼ tazas de parmesano rallado
⇒ 1 pizca de sal
⇒ 500 g de harina de almendra
⇒ 2 cucharadas de *ghee* derretido
⇒ 1/3 de taza de leche de almendras
⇒ 1 huevo

INSTRUCCIONES:

1. En un bol, mezclar la harina con la sal, el parmesano, el polvo de hornear, el bicarbonato de sodio y los pimientos y remover bien.
2. Añadir el resto de los ingredientes y remover bien la masa del pan.
3. Pásala a un molde para pan forrado y hornea a 180°C durante 30 minutos.
4. Dejar enfriar el pan, cortarlo en rebanadas y servirlo.

NUTRICIÓN:

⇒ Calorías: 100
⇒ Grasa: 5 g
⇒ Fibra: 1 g
⇒ Carbohidratos 4 g
⇒ Proteínas: 4 g

24. Pan De Tomate

Tiempo de preparación: 1 hora y 10 minutos
Tiempo de cocción: 35 minutos
Raciones: 12

INGREDIENTES:
- ⟹ 750 g de harina de almendra
- ⟹ ½ cucharadita de albahaca seca
- ⟹ ¼ de cucharadita de romero seco
- ⟹ 1 cucharadita de orégano seco
- ⟹ ½ cucharadita de ajo en polvo
- ⟹ 2 cucharadas de aceite de oliva
- ⟹ 2 tazas de zumo de tomate
- ⟹ ½ taza de salsa de tomate
- ⟹ 1 cucharadita de polvo de hornear
- ⟹ 1 cucharadita de bicarbonato de sodio
- ⟹ 3 cucharadas de *swerve*

INSTRUCCIONES:
1. En un bol, mezclar la harina con la albahaca, el romero, el orégano y el ajo y mezclar bien.
2. Añadir el resto de los ingredientes y remover bien la masa.
3. Verter en un molde para pan forrado, tapar y mantener en un lugar cálido durante 1 hora.
4. Hornear el pan a 190°C durante 35 minutos, enfriar, cortar en rebanadas y server.

NUTRICIÓN:
- ⟹ Calorías: 102
- ⟹ Grasa: 5 g
- ⟹ Fibra: 3 g
- ⟹ Carbohidratos 7 g
- ⟹ Proteínas: 4 g

25. Pan Keto De Hierbas

Tiempo de preparación: 1 hora y 30 minutos
Tiempo de cocción: 40 minutos
Raciones: 8

INGREDIENTES:

⇒ 400 g de harina de coco
⇒ 1 cucharadita de polvo de hornear
⇒ 1 cucharadita de bicarbonato de sodio
⇒ 2 cucharaditas de estevia
⇒ 1 ½ tazas de agua tibia
⇒ ½ cucharadita de albahaca seca
⇒ 1 cucharadita de orégano seco
⇒ ½ cucharadita de tomillo seco
⇒ ½ cucharadita de mejorana seca
⇒ 2 cucharadas de aceite de oliva

INSTRUCCIONES:

1. En un bol, mezclar la harina con la levadura en polvo, el bicarbonato, la estevia, la albahaca, el orégano, el tomillo y la mejorana y remover.
2. Añadir el resto de ingredientes, mezclar la masa, tapar y mantener en un lugar cálido durante 1 hora y 30 minutos.
3. Pasar la masa a una superficie de trabajo enharinada y amasar de nuevo durante 2 o 3 minutos.
4. Pasar a un molde para pan forrado y hornear a 200°C durante 40 minutos.
5. Deje enfriar el pan antes de servirlo.

NUTRICIÓN:

⇒ Calorías: 200
⇒ Grasa: 7 g
⇒ Fibra: 3 g
⇒ Carbohidratos 5 g
⇒ Proteínas: 6 g

26. Pan De Aceitunas Verdes

Tiempo de preparación: 10 minutos
Tiempo de cocción: 45 minutos
Raciones: 10

INGREDIENTES:

⇒ 400 g de harina de almendra
⇒ 1 pellizco de sal
⇒ ½ cucharadita de polvo de hornear
⇒ 1 ½ tazas de agua tibia
⇒ 3 cucharadas de romero picado
⇒ ½ taza de aceitunas verdes, sin hueso y picadas
⇒ Una pizca de sal y pimienta negra

INSTRUCCIONES:

1. En un bol, mezclar la harina con la sal, el romero y la levadura en polvo y remover.
2. Añade el resto de los ingredientes, mezcla bien la masa y pásala a un molde para pan forrado.
3. Hornear a 200°C durante 45 minutos.
4. Dejar enfriar, cortar en rodajas y servir.

NUTRICIÓN:

⇒ Calorías: 204
⇒ Grasa: 12 g
⇒ Fibra: 4 g
⇒ Carbohidratos: 5 g
⇒ Proteínas: 7 g

27. Delicioso Pan De Berenjela

Tiempo de preparación: 10 minutos
Tiempo de cocción: 1 hora
Raciones: 12

INGREDIENTES:
- 4 huevos batidos
- 1 taza de eritritol
- ½ taza de *ghee*, derretido
- ½ taza de aceite de coco, derretido
- 2 tazas de berenjena, pelada y rallada
- 1 cucharada de extracto de vainilla
- 500 g de harina de almendra
- 1 ½ cucharadita de canela en polvo
- ¼ cucharadita de nuez moscada molida
- ½ cucharadita de levadura en polvo
- 1 cucharadita de bicarbonato de sodio
- 1 pizca de sal
- ½ taza de piñones
- Spray para cocinar

INSTRUCCIONES:
1. En un bol, mezclar la harina con la canela, la nuez moscada, la levadura en polvo, el bicarbonato, la sal, los piñones y la vainilla y remover.
2. Añadir el resto de los ingredientes excepto el spray de cocina, mezclar bien la masa y verterla en un molde para pan engrasado con el spray de cocina.
3. Cocinar a 180°C durante 1 hora, enfriar, cortar en rebanadas y servir.

NUTRICIÓN:
- Calorías: 200
- Grasa: 7 g
- Fibra: 3 g
- Carbohidratos 5 g
- Proteínas: 6 g

28. Gran Pan De Mora

Tiempo de preparación: 10 minutos
Tiempo de cocción: 1 hora
Raciones: 10

INGREDIENTES:

⇒ 270 g de harina de almendra
⇒ ½ taza de estevia
⇒ 1 ½ cucharaditas de polvo de hornear
⇒ 1 cucharadita de bicarbonato de sodio
⇒ 2 huevos, batidos
⇒ 1 ½ tazas de harina de almendras
⇒ ¼ taza de *ghee*, derretido
⇒ 1 cucharada de extracto de vainilla
⇒ 1 taza de moras, trituradas
⇒ Spray para cocinar

INSTRUCCIONES:

1. En un bol, mezclar la harina con la levadura en polvo, el bicarbonato, la estevia, la vainilla y las moras y remover bien.
2. Añade el resto de los ingredientes, remueve la masa y viértela en un molde para pan engrasado con spray para cocinar.
3. Hornear a 200°C durante 1 hora.
4. Dejar enfriar, cortar en rodajas y servir.

NUTRICIÓN:

⇒ Calorías: 200
⇒ Grasa: 7 g
⇒ Fibra: 3 g
⇒ Carbohidratos 5 g
⇒ Proteínas: 7 g

29. Pan Keto de Framboesas

Tiempo de preparación: 10 minutos
Tiempo de cocción: 50 minutos
Raciones: 6

INGREDIENTES:

⇒ 270 g de harina de almendra
⇒ 1 cucharadita de bicarbonato de sodio
⇒ ¾ de taza de eritritol
⇒ 1 pizca de sal
⇒ 1 huevo
⇒ ¾ de taza de leche de coco
⇒ ¼ de taza de *ghee* derretido
⇒ 2 tazas de frambuesas
⇒ 2 cucharaditas de extracto de vainilla
⇒ ¼ de taza de aceite de coco, derretido

INSTRUCCIONES:

1. En un bol, mezclar la harina con el bicarbonato, el eritritol, la sal, la vainilla y las frambuesas y remover.
2. Añadir el resto de los ingredientes poco a poco y mezclar bien la masa.
3. Vierte esto en un molde para pan forrado y hornea a 180°C durante 50 minutos.
4. Enfriar el pan, cortarlo en rebanadas y servirlo.

NUTRICIÓN:

⇒ Calorías: 200
⇒ Grasa: 7 g
⇒ Fibra: 3 g
⇒ Carbohidratos: 5 g
⇒ Proteínas: 7 g

30. Pan Sencillo De Fresas

Tiempo de preparación: 10 minutos
Tiempo de cocción: 50 minutos
Raciones: 8

INGREDIENTES:

⇒ 460 g de harina de almendra
⇒ 2 tazas de fresas picadas
⇒ 1 cucharadita de bicarbonato de sodio
⇒ 2 tazas de swerve
⇒ 1 cucharada de canela en polvo
⇒ 4 huevos, batidos
⇒ 1 ¼ tazas de aceite de coco, derretido
⇒ Spray para cocinar

INSTRUCCIONES:

1. En un bol, mezclar la harina con el bicarbonato, el swerve, las fresas y la canela, y remover.
2. Añade el resto de los ingredientes, remueve la masa y viértela en 2 moldes para pan engrasados con spray para cocinar.
3. Hornea a 180°C durante 50 minutos, enfría el pan, córtalo y sírvelo.

Nutrición:

⇒ Calorías: 221
⇒ Grasa: 7 g
⇒ Fibra: 4 g
⇒ Carbohidratos 5 g
⇒ Proteínas: 3 g

31. Gran Pan De Ciruelas

Tiempo de preparación: 10 minutos
Tiempo de cocción: 50 minutos
Raciones: 8

INGREDIENTES:

1. 1 taza de ciruelas deshuesadas y picadas
2. 200 g de harina de coco
3. ¼ cucharadita de bicarbonato de sodio
4. ½ taza de *ghee* derretido
5. 1 pizca de sal
6. 1¼ tazas de *swerve*
7. ½ cucharadita de extracto de vainilla
8. 1/3 de taza de crema de coco
9. 2 huevos, batidos

INSTRUCCIONES:

1. En un bol, mezclar la harina con el bicarbonato, la sal, el swerve y la vainilla y remover.
2. En otro bol, mezclar las ciruelas con el resto de ingredientes y remover.
3. Combinar las 2 mezclas y remover bien la masa.
4. Verter en 2 moldes de pan forrados y hornear a 180°C durante 50 minutos.
5. Dejar enfriar el pan, cortarlo en rebanadas y servirlo.

NUTRICIÓN:

⇒ Calorías: 199
⇒ Grasa: 8 g
⇒ Fibra: 3 g
⇒ Carbohidratos 6 g
⇒ Proteínas: 4 g

RECETAS KETO CON HIERBAS Y ESPECIES

32. Pan De Hierbas

Tiempo de preparación: 1 hora y 20 minutos
Tiempo de cocción: 50 minutos (20+30 minutos)
Raciones: 1 pan

INGREDIENTES:

- ⟹ 180 ml de leche
- ⟹ 1 cucharada de azúcar
- ⟹ 1 cucharadita de sal
- ⟹ 1 cucharada de mantequilla o margarina
- ⟹ 1/3 de taza de cebolla picada
- ⟹ 360 g de harina de pan
- ⟹ 1/2 cucharadita de eneldo seco
- ⟹ 1/2 cucharadita de albahaca seca
- ⟹ 1/2 cucharadita de romero seco
- ⟹ 1 ½ cucharaditas de levadura seca activa

INSTRUCCIONES:

1. Coloque todos los ingredientes en el molde para pan.
2. Seleccione *"medium crus"* y luego el ciclo de cocción rápida. Pulse el botón de inicio.
3. Después de 5-10 minutos, observe la masa mientras se amasa, si escucha sonidos de colado en su máquina o si la masa parece rígida y seca, añada 1 cucharada de líquido a la vez hasta que la masa se vuelva suave, flexible, blanda y ligeramente pegajosa al tacto.
4. Sacar el pan del molde después de hornearlo. Colóquelo en una rejilla y déjelo enfriar durante 1 hora antes de cortarlo.

NUTRICIÓN:

- ⟹ Calorías: 165
- ⟹ Grasa: 5 g
- ⟹ Carbohidratos 13 g
- ⟹ Proteínas: 2 g

33. Pan De Romero

Tiempo de preparación: 2 horas 10 minutos
Tiempo de cocción: 50 minutos
Raciones: 1 pan

INGREDIENTES:

⇒ ¾ de taza + 1 cucharada de agua tibia
⇒ 1 2/3 cucharadas de mantequilla derretida, enfriada
⇒ 1 ½ cucharaditas de azúcar
⇒ 1 cucharadita de sal
⇒ 1 cucharada de romero fresco picado
⇒ 360 g de harina blanca de pan
⇒ 1⅓ cucharadita de levadura instantánea

INSTRUCCIONES:

1. Añada todos los ingredientes a su máquina de pan, siguiendo cuidadosamente las instrucciones del fabricante.
2. Ponga el programa de su máquina de pan en Básico/Pan blanco y ponga el tipo de corteza en Medio.
3. Pulse START/Inicio.
4. Espere hasta que el ciclo se complete.
5. Una vez que el pan esté listo, saque la cubeta y deje que el pan se enfríe durante 5 minutos.
6. Agite suavemente la cubeta para sacar el pan.
7. Transfiera a una rejilla para enfriar, corte en rebanadas y sirva.

NUTRICIÓN:

⇒ Calorías: 152
⇒ Grasa: 3 g
⇒ Carbohidratos 25 g
⇒ Proteínas: 4 g
⇒ Fibra: 1 g

34. Original Pan De Hierbas Italiano

Tiempo de preparación: 2 horas 40 minutos
Tiempo de cocción: 50 minutos
Raciones: 2 panes

INGREDIENTES:

⇒ 1 taza de agua tibia
⇒ ½ taza de salmuera de aceitunas
⇒ 1½ cucharadas de mantequilla
⇒ 1 cucharada de azúcar
⇒ 1 cucharadita de sal
⇒ 1 kg de harina de trigo
⇒ 1 cucharadita de levadura de máquina de pan
⇒ 20 aceitunas negras/verdes
⇒ 1 ½ cucharaditas de hierbas italianas

INSTRUCCIONES:

1. Cortar las aceitunas en rodajas.
2. Añada todos los ingredientes a su máquina de pan (excepto las aceitunas), siguiendo cuidadosamente las instrucciones del fabricante.
3. Ponga el programa de su máquina de pan en pan francés y ponga el tipo de corteza en Medio.
4. Pulse START/Inicio.
5. Cuando la máquina emita un pitido, añada las aceitunas.
6. Espere a que se complete el ciclo.
7. Una vez que el pan esté listo, saque la cubeta y deje que el pan se enfríe durante 5 minutos.
8. Agite suavemente la cubeta para sacar el pan.
9. Páselo a una rejilla para enfriar, córtelo en rodajas y sírvalo.

NUTRICIÓN:

⇒ Calorías: 286
⇒ Grasa: 7 g
⇒ Carbohidratos: 61 g
⇒ Proteínas: 10 g
⇒ Fibra: 1 g

35. Pan Aromatico De Lavanda

Tiempo de preparación: 2 horas 10 minutos
Tiempo de cocción: 50 minutos
Raciones: 1 cacerola

INGREDIENTES

⇒ ¾ de taza de leche tibia
⇒ 1 cucharada de mantequilla fría derretida
⇒ 1 cucharada de azúcar
⇒ ¾ cucharadita de sal
⇒ 1 cucharadita de flor de lavanda fresca, picada
⇒ ¼ de cucharadita de ralladura de limón
⇒ ¼ de cucharadita de tomillo fresco, picado
⇒ 200 g de harina blanca de pan
⇒ ¾ de cucharadita de levadura instantánea

INSTRUCCIONES:

1. Añada todos los ingredientes a tu máquina de pan.
2. Establezca el programa de su máquina de pan en Básico/Pan Blanco y establezca el tipo de corteza en Medio.
3. Pulse START/Inicio.
4. Espere a que se complete el ciclo.
5. Una vez que el pan esté listo, retire el molde y deje que el pan se enfríe durante 5 minutos.
6. Sacudir suavemente el molde para retirar el pan.
7. Pasar a una rejilla para enfriar, cortar y servir.

NUTRICIÓN:

⇒ Calorías: 144
⇒ Grasa: 2 g
⇒ Carbohidratos: 27 g
⇒ Proteínas: 4 g
⇒ Fibra: 1 g

36. Pan De Queso Con Oregano

Tiempo de preparación: 2 horas 50 minutos
Tiempo de cocción: 50 minutos
Raciones: 2 panes

INGREDIENTES:

⇒ 1 taza de mezcla (leche + huevo)
⇒ ½ taza de queso mozzarella
⇒ 300 g de harina
⇒ 100 g de harina integral
⇒ 1 cucharada de azúcar
⇒ 1 cucharadita de sal
⇒ 1 cucharadita de orégano
⇒ 1 ½ cucharaditas de levadura seca

INSTRUCCIONES:

1. Añada todos los ingredientes a su máquina de pan.
2. Ponga el programa de su máquina de pan en Basic/White Bread y ponga el tipo de corteza en *Dark*.
3. Pulse START/Inicio.
4. Espere hasta que el ciclo se complete.
5. Una vez que el pan esté listo, saque la cubeta y deje que el pan se enfríe durante 5 minutos.
6. Agite suavemente la cubeta para sacar el pan.
7. Transfiera a una rejilla para enfriar, corte en rebanadas y sirva.

NUTRICIÓN:

⇒ Calorías: 209
⇒ Grasa: 2,1 g
⇒ Carbohidratos: 40 g
⇒ Proteínas: 7,7 g
⇒ Fibra: 1 g

37. Pan De Comino

Tiempo de preparación: 3 horas y 30 minutos
Tiempo de cocción: 15 minutos
Raciones: 8

INGREDIENTES:

⟹ 250 g de harina de máquina de pan, tamizada
⟹ 1 ½ cucharaditas de sal kosher
⟹ 1 ½ cucharada de azúcar
⟹ 1 cucharada de levadura de máquina de pan
⟹ 1 ¾ tazas de agua tibia
⟹ 1 cucharada de comino negro
⟹ 1 cucharada de aceite de girasol

INSTRUCCIONES:

1. Coloque todos los ingredientes secos y líquidos en el recipiente y siga las instrucciones de su máquina de pan.
2. Ponga el programa de cocción en *BASIC* y el tipo de corteza en *MEDIUM*.
3. Si la masa es demasiado densa o demasiado húmeda, ajuste la cantidad de harina y líquido en la receta.
4. Cuando el programa haya terminado, saque el molde de la máquina de pan y déjelo enfriar durante 5 minutos.
5. Sacuda el pan del molde. Si es necesario, utilice una espátula.
6. Envuelva el pan con un paño de cocina y déjelo reposar durante una hora. Si no, puede enfriarlo en una rejilla.

NUTRICIÓN:

⟹ Calorías: 368
⟹ Carbohidratos totales: 63 g
⟹ Colesterol: 0 mg
⟹ Grasa total: 6,5 g
⟹ Proteínas: 9,5 g
⟹ Sodio: 444 mg
⟹ Azúcar: 2,5 g

38. Pan De Tomate Con Azafrán

Tiempo de preparación: 3 horas y 30 minutos
Tiempo de cocción: 15 minutos
Raciones: 10

INGREDIENTES:

⇒ 1 cucharadita de levadura de máquina de pan
⇒ 450 g de harina de trigo de máquina de pan
⇒ 1 cucharada de *panifarina*
⇒ 1 ½ cucharaditas de sal kosher
⇒ 1 ½ cucharadas de azúcar blanco
⇒ 1 cucharada de aceite de oliva virgen extra
⇒ 1 cucharada de tomates secos y picados
⇒ 1 cucharada de pasta de tomate
⇒ ½ taza de queso firme (en cubos)
⇒ ½ taza de queso feta
⇒ 1 pizca de azafrán
⇒ 1 ½ tazas de suero

INSTRUCCIONES:

1. Cinco minutos antes de la cocción, vierta los tomates secos y 1 cucharada de aceite de oliva. Añada la pasta de tomate y mezcle.
2. Coloque todos los ingredientes secos y líquidos, excepto los aditivos, en la olla y siga las instrucciones de su máquina de pan.
3. Preste especial atención a la medición de los ingredientes. Para ello, utilice un vaso medidor, una cuchara medidora y una balanza de cocina.
4. Ajuste el programa de cocción a BÁSICO y el tipo de corteza a MEDIO.
5. Añada los aditivos después del pitido o colóquelos en el dispensador de la máquina de pan.
6. Sacuda el pan del molde. Si es necesario, utilice una espátula.
7. Envuelva el pan con un paño de cocina y déjelo reposar durante una hora. Si no, puede enfriarlo en una rejilla.

NUTRICIÓN:

⇒ Calorías: 260
⇒ Carbohidratos totales: 33 g
⇒ Colesterol: 20 g
⇒ Grasa total: 9,2 g
⇒ Proteínas: 8,9 g
⇒ Sodio: 611 mg
⇒ Azúcar: 5,2 g

39. Pan De Pimienta Negra

Tiempo de preparación: 3 horas y 30 minutos
Tiempo de cocción: 15 minutos
Raciones: 8

INGREDIENTES:

⇒ ¾ de taza de agua, tibia
⇒ 1 cucharada de mantequilla derretida, enfriada
⇒ 1 cucharada de azúcar
⇒ ¾ de cucharadita de sal
⇒ 1 cucharada de leche desnatada en polvo
⇒ 1 cucharada de cebollino picado
⇒ ½ cucharadita de ajo en polvo
⇒ ½ cucharadita de pimienta negra molida
⇒ 350 g harina blanca de pan
⇒ ¾ de cucharadita de levadura de máquina de pan o instantánea

INSTRUCCIONES:

1. Coloque los ingredientes en su máquina de pan según las recomendaciones del fabricante.
2. Programe la máquina para pan básico/blanco, seleccione corteza ligera o media y pulse START/Inicio.
3. Cuando el pan esté hecho, retire la cubeta de la máquina.
4. Deje que el pan se enfríe durante 5 minutos.
5. Agite suavemente la cubeta para sacar el pan y colóquelo en una rejilla para que se enfríe.

NUTRICIÓN:

⇒ Calorías: 141
⇒ Carbohidratos totales: 27 g
⇒ Grasa total: 2 g
⇒ Proteínas: 4 g
⇒ Sodio: 215 mg
⇒ Fibra: 1 g

40. Pan Cajún Picante

Tiempo de preparación: 2 horas
Tiempo de cocción: 15 minutos
Raciones: 8

INGREDIENTES:

⇒ ¾ de taza de agua tibia
⇒ 1 cucharada de mantequilla derretida, enfriada
⇒ 1 cucharadita de pasta de tomate
⇒ 1 cucharada de azúcar
⇒ 1 cucharadita de sal
⇒ 2 cucharadas de leche desnatada en polvo
⇒ ½ cucharada de condimento cajún
⇒ 1 cucharadita de cebolla en polvo
⇒ 350 g de harina blanca de pan
⇒ 1 cucharadita de levadura de máquina de pan o instantánea

INSTRUCCIONES:

1. Coloque los ingredientes en su máquina de pan según las recomendaciones del fabricante.
2. Programe la máquina para pan básico/blanco, seleccione corteza ligera o media y pulse Inicio.
3. Cuando el pan esté hecho, retire la cubeta de la máquina.
4. Deje que el pan se enfríe durante 5 minutos.
5. Agite suavemente la cubeta para sacar el pan y colóquelo en una rejilla para que se enfríe.

NUTRICIÓN:

⇒ Calorías: 141
⇒ Carbohidratos totales: 27 g
⇒ Grasa total: 2 g
⇒ Proteínas: 4 g
⇒ Sodio: 215 mg
⇒ Fibra: 1 g

41. Pan de Limón Con Anís

Tiempo de preparación: 2 horas
Tiempo de cocción: 15 minutos
Raciones: 8

INGREDIENTES:

⇒ 2/3 de taza de agua, tibia
⇒ 1 huevo, a temperatura ambiente
⇒ 2 2/3 cucharadas de mantequilla, derretida y enfriada
⇒ 2 2/3 cucharadas de miel
⇒ ⅓ cucharadita de sal
⇒ 2/3 cucharadita de semillas de anís
⇒ 2/3 de cucharadita de ralladura de limón
⇒ 350 g de harina blanca de pan
⇒ 1 ⅓ cucharadita de levadura de máquina de pan o instantánea

INSTRUCCIONES:

1. Coloque los ingredientes en su máquina de pan según las recomendaciones del fabricante.
2. Programe la máquina para pan básico/blanco, seleccione corteza ligera o media y pulse Inicio.
3. Cuando el pan esté hecho, retire la cubeta de la máquina.
4. Deje que el pan se enfríe durante 5 minutos.
5. Agite suavemente la cubeta para sacar el pan y póngalo en una rejilla para que se enfríe.

NUTRICIÓN:

⇒ Calorías: 158
⇒ Carbohidratos totales: 27 g
⇒ Grasa total: 5 g
⇒ Proteínas: 4 g
⇒ Sodio: 131 mg
⇒ Fibra: 1 g

42. Pan De Cardamomo

Tiempo de preparación: 2 horas
Tiempo de cocción: 15 minutos
Raciones: 8

INGREDIENTES:

⇒ ½ taza de leche, tibia
⇒ 1 huevo, a temperatura ambiente
⇒ 1 cucharadita de mantequilla derretida, enfriada
⇒ 1 cucharadita de miel
⇒ 2/3 de cucharadita de sal
⇒ 2/3 de cucharadita de cardamomo molido
⇒ 350 g de harina blanca de pan
⇒ ¾ de cucharadita de levadura de máquina de pan o instantánea

INSTRUCCIONES:

1. Coloque los ingredientes en su máquina de pan según las recomendaciones del fabricante.
2. Programe la máquina para pan básico/blanco, seleccione corteza ligera o media y pulse Inicio.
3. Cuando el pan esté hecho, retire la cubeta de la máquina.
4. Deje que el pan se enfríe durante 5 minutos.
5. Agite suavemente la cubeta para sacar el pan y colóquelo en una rejilla para que se enfríe.

NUTRICIÓN:

⇒ Calorías: 149
⇒ Carbohidratos totales: 29 g
⇒ Grasa total: 2 g
⇒ Proteínas: 5 g
⇒ Sodio: 211 mg
⇒ Fibra: 1 g

43. Pan De Desayuno

Tiempo de preparación: 15 minutos
Tiempo de cocción: 40 minutos
Raciones: 16 rebanadas

INGREDIENTES:

⇒ ½ cucharadita de goma xantana
⇒ ½ cucharadita de sal
⇒ 2 cucharadas de aceite de coco
⇒ ½ taza de mantequilla derretida
⇒ 1 cucharadita de polvo de hornear
⇒ 350 g de harina de almendra
⇒ Siete huevos

INSTRUCCIONES:

1. Precalentar el horno a 180°C.
2. Bata los huevos en un recipiente a fuego alto durante 2 minutos.
3. Añadir el aceite de coco y la mantequilla a los huevos y seguir batiendo.
4. Forrar un molde con papel de horno y luego verter los huevos batidos.
5. Vierte el resto de los ingredientes y mezcla hasta que quede espeso.
6. Hornea por 40 – 45' o hasta que le pinche un palillo y salga seco.
7. Dejar que se enfríe y buen provecho.

NUTRICIÓN:

⇒ Calorías: 234
⇒ Grasa: 23 g
⇒ Carbohidratos 1 g
⇒ Proteínas: 7 g

44. Pan De Mantequilla De Cacahuete Y Gelatina

Tiempo de preparación: 2 horas
Tiempo de cocción: 1 hora y 10 minutos
Raciones: 1 pan

INGREDIENTES:

⇒ 1 ½ cucharadas de aceite vegetal
⇒ 1 taza de agua
⇒ ½ taza de jalea de mora
⇒ ½ taza de mantequilla de cacahuete
⇒ 1 cucharadita de sal
⇒ 1 cucharada de azúcar blanco
⇒ 350 g de harina de pan
⇒ 180 g de harina de trigo integral
⇒ 1 ½ cucharaditas de levadura seca activa

INSTRUCCIONES:

1. Coloca todo en el molde de tu máquina de pan.
2. Seleccione el ajuste básico.
3. Pulse el botón de inicio.
4. Saque la sartén cuando esté hecha.
5. Deje que se enfríe durante 10 minutos y buen provecho.

NUTRICIÓN:

⇒ Calorías: 153
⇒ Carbohidratos: 20 g
⇒ Grasa: 9 g
⇒ Colesterol: 0 mg
⇒ Proteínas: 4 g
⇒ Fibra: 2 g
⇒ Azúcar: 11 g
⇒ Sodio: 244 mg
⇒ Potasio 120 mg

45. Panecillo Inglés

Tiempo de preparación: 5 minutos
Tiempo de cocción: 3 horas 40 minutos
Raciones: 14

INGREDIENTES:

⇒ 1 cucharadita de vinagre
⇒ 1/4 a 1/3 de taza de agua
⇒ 1 taza de leche tibia
⇒ 2 cucharadas de mantequilla o 2 cucharadas de aceite vegetal
⇒ 1½ cucharaditas de sal
⇒ 1½ cucharaditas de azúcar
⇒ ½ cucharadita de levadura en polvo
⇒ 650 g de harina de trigo común
⇒ 2 ¼ cucharaditas de levadura instantánea

INSTRUCCIONES:

1. Añada cada ingrediente a la máquina de pan en el orden y a la temperatura recomendados por el fabricante de su máquina de pan.
2. Cierra la tapa, selecciona el ajuste de pan básico, corteza baja en tu máquina de pan y pulsa start/inicio.
3. Cuando la máquina de pan haya terminado de hornear, retire el pan y póngalo en una rejilla para enfriar.

NUTRICIÓN:

⇒ Carbohidratos: 13 g
⇒ Grasa: 1 g
⇒ Proteínas: 2 g
⇒ Calorías: 162

46. Pan De Desayuno Con Arándanos Y Naranja

Tiempo de preparación: 5 minutos
Tiempo de cocción: 3 horas 10 minutos
Raciones: 14

INGREDIENTES

⇒ 450 ml de zumo de naranja
⇒ 2 cucharadas de aceite vegetal
⇒ 2 cucharadas de miel
⇒ 400 g de harina de pan
⇒ 1 cucharada de leche en polvo
⇒ ½ cucharadita de canela molida
⇒ ½ cucharadita de pimienta de Jamaica molida
⇒ 1 cucharadita de sal
⇒ 1 (7 g) paquete de levadura seca activa
⇒ 1 cucharada de ralladura de naranja
⇒ 1 taza de arándanos secos azucarados
⇒ 1/3 de taza de nueces picadas

INSTRUCCIONES:

1. Añada cada ingrediente a la máquina de pan en el orden y a la temperatura recomendados por el fabricante de su máquina de pan.
2. Cierre la tapa, seleccione el ajuste de pan básico, corteza baja en su máquina de pan, y pulse el botón de start/inicio.
3. Añada los arándanos y las nueces picadas entre 5 y 10 minutos antes de que finalice el último ciclo de amasado.
4. Cuando la máquina de pan haya terminado de hornear, saque el pan y póngalo en una rejilla para enfriar.

NUTRICIÓN:

⇒ Carbohidratos: 29 g
⇒ Grasa: 2 g
⇒ Proteínas: 9 g
⇒ Calorías: 156

47. Pan De Miel Con Suero De Leche

Tiempo de preparación: 5 minutos
Tiempo de cocción: 3 horas 45 minutos
Raciones: 14

INGREDIENTES:

⇒ ½ taza de agua
⇒ ¾ de taza de suero de leche
⇒ ¼ de taza de miel
⇒ 3 cucharadas de mantequilla, ablandada y cortada en trozos
⇒ 400 g de harina de pan
⇒ 1 ½ cucharaditas de sal
⇒ 2 ¼ cucharaditas de levadura (o 1 paquete)

INSTRUCCIONES:

1. Añade cada ingrediente a la máquina de pan en el orden y a la temperatura recomendada por el fabricante de tu panificadora.
2. Cierre la tapa, seleccione el ajuste de pan básico, corteza media en su máquina de pan, y pulse el botón de start/inicio.
3. Cuando la máquina de pan haya terminado de hornear, retire el pan y póngalo en una rejilla para enfriar.

NUTRICIÓN:

⇒ Carbohidratos: 19 g
⇒ Grasa: 1 g
⇒ Proteínas: 2 g
⇒ Calorías: 142

48. Pan De Trigo Integral Para El Desayuno

Tiempo de preparación: 5 minutos
Tiempo de cocción: 3 horas 45 minutos
Raciones: 14

INGREDIENTES:

⇒ 400 g de harina de trigo integral
⇒ ½ cucharadita de sal
⇒ 1 taza de agua
⇒ ½ taza de aceite de coco licuado
⇒ 4 cucharadas de miel
⇒ 2 ½ cucharaditas de levadura seca activa

INSTRUCCIONES:

1. Añade cada ingrediente a la máquina de pan en el orden y a la temperatura recomendada por el fabricante de tu máquina de pan.
2. Cierre la tapa, seleccione el ajuste de pan básico, corteza media en su máquina de pan, y pulse el botón de start/inicio.
3. Cuando la máquina de pan haya terminado de hornear, retire el pan y póngalo en una rejilla para enfriar.

NUTRICIÓN:

⇒ Carbohidratos: 11 g
⇒ Grasa: 3 g
⇒ Proteínas: 1 g
⇒ Calorías: 150

49. Pan De Canela Y Pasas

Tiempo de preparación: 5 minutos
Tiempo de cocción: 3 horas
Raciones: 6

INGREDIENTES:

⇒ 1 taza de agua
⇒ 2 cucharadas de mantequilla ablandada
⇒ 400 g de harina de trigo integral
⇒ 3 cucharadas de azúcar
⇒ 1½ cucharaditas de sal
⇒ 1 cucharadita de canela molida
⇒ 2½ cucharaditas de levadura de máquina de pan
⇒ ¾ de taza de pasas

INSTRUCCIONES:

1. Añada cada ingrediente, excepto las pasas, a la máquina de pan en el orden y a la temperatura recomendados por el fabricante de su máquina de pan.
2. Cierra la tapa, selecciona el ajuste de pan dulce o básico, corteza media en tu máquina de pan y pulsa start/inicio.
3. Añada las pasas 10 minutos antes de que finalice el último ciclo de amasado.
4. Cuando la máquina de pan haya terminado de hornear, saque el pan y póngalo en una rejilla para enfriar.
5. Buen provecho.

NUTRICIÓN:

⇒ Carbohidratos: 38 g
⇒ Grasa: 2 g
⇒ Proteínas: 4 g
⇒ Calorías: 180

50. Panecillos De Matequilla

Tiempo de preparación: 50 minutos
Tiempo de cocción: 45 minutos
Raciones: 24 panecillos

INGREDIENTES:

⟹ 1 taza de leche caliente
⟹ 1/2 taza de mantequilla o 1/2 taza de margarina, ablandada
⟹ 1/4 de taza de azúcar
⟹ 2 huevos
⟹ 1 ½ cucharaditas de sal
⟹ 550 g de harina de pan
⟹ 2 ¼ cucharaditas de levadura seca activa

INSTRUCCIONES:

1. En el recipiente de la máquina de pan, ponga todos los ingredientes en el orden sugerido por el fabricante.
2. Seleccionar el ajuste de la masa.
3. Cuando el ciclo haya finalizado, volcar la masa sobre una superficie ligeramente enharinada.
4. Divida la masa en 24 porciones.
5. Dar forma de bola a la masa.
6. Colocar en un molde para hornear engrasado de 33x22 cm.
7. Tapar y dejar subir en un lugar cálido durante 30-45 minutos.
8. Hornear a 180°C durante 13-16 minutos o hasta que se doren.

NUTRICIÓN:

⟹ Carbohidratos: 38 g
⟹ Grasa: 2 g
⟹ Proteínas: 4 g
⟹ Calorías: 180

Conclusión

Enfoque su mentalidad hacia lo positivo. A través de una dieta Keto, usted puede ayudar a prevenir la diabetes, las enfermedades del corazón y los problemas respiratorios. Si ya padeces alguno de ellos, una dieta Keto bajo la supervisión de un médico puede mejorar mucho tu estado.

Este libro le ha presentado algunas de las recetas de Pan Keto más fáciles y deliciosas que puedes encontrar. Una de las luchas más comunes para cualquier persona que siga la dieta Keto es que tiene que eliminar muchos de los alimentos que le gustan, como los alimentos azucarados y los productos de pan con almidón. Este libro le ayuda a superar ambos problemas.

Estos panes están hechos con los ingredientes normales que puedes encontrar en tu localidad, así que no hay necesidad de tener que pedir nada o tener que ir a ninguna tienda especializada para conseguir alguno de ellos. Con estos panes, puedes disfrutar de las mismas comidas que solías disfrutar pero seguir con tu dieta todo lo que quieras.

Tanto si estás empezando la dieta Keto como si buscas alguna alternativa saludable a tu pan tradicional, estoy seguro de que encontrarás una receta en este libro que te convenga. Desde las saladas hasta las dulces, estas recetas no sólo son satisfactorias sino también saludables. Y con el uso de la máquina de pan, requieren muy poco esfuerzo para hacerlas.

Pierde el peso que quieres perder, siéntete bien y sigue disfrutando de ese pedazo de pan caliente de vez en cuando. Unte su cobertura favorita y su antojo de pan quedará satisfecho.

Tener una panificadora en su casa le permitirá disfrutar de una amplia gama de panes, pasteles y golosinas Keto que son frescos y caseros. Con esta máquina, usted consigue controlar el ingrediente que usted utiliza, así que usted puede utilizar los artículos ketogénicos - aprobados para su dieta. Un aparato como este le apoyará en su viaje hacia el estilo de vida ketogénico, la pérdida de peso y la vida saludable en general.

Además, hemos aprendido que la máquina de pan es una herramienta vital para tener en nuestra cocina. En realidad, no es tan difícil de poner en práctica. Lo único que hay que aprender es cómo funciona y cuáles son sus características. También hay que utilizarla más a menudo para aprender lo que hay que hacer y lo que no hay que hacer con la máquina.

Sólo con la práctica conseguirás más confianza y experiencia en el uso de esta máquina. La máquina de pan viene con una serie de instrucciones que debes aprender del manual para utilizarla de forma correcta. Hay una forma determinada de cargar los ingredientes que debe seguirse, y las instrucciones varían según la marca y el modelo. Por lo tanto, cuando adquiera una máquina por primera vez, siéntese y aprenda el manual de principio a fin; esto le permitirá darle un buen uso y obtener mejores resultados. El manual le dirá exactamente lo que debe poner en ella, así como los ajustes correctos que debe utilizar, según las diferentes recetas y el tipo de pan que desee hacer.

TABLAS DE CONVERSIÓN

Azúcar (tazas)	Azúcar (g)
¼ taza	50 g
⅓ taza	70 g
½ taza	100 g
⅔ taza	135 g
¾ taza	150 g
1 taza	200 g

Azúcar glacè (tazas)	Azúcar glacè (g)
¼ taza	40 g
⅓ taza	52 g
½ taza	80 g
⅔ taza	105 g
¾ taza	120 g
1 taza	160 g

Libras (lb)	Onzas (oz)	g
1 lb	16 oz	454 g
2 lb	32 oz	904 g
4 lb	64 oz	1808 g

Tazas	ml
¼ taza	60 ml
⅓ taza	80 ml
½ taza	120 ml
⅔ taza	160 ml
¾ taza	180 ml
1 taza	240 ml

Harina de trigo (tazas)	Harina de trigo (g)
¼ taza	35 g
⅓ taza	48 g
½ taza	70 g
⅔ taza	96 g
¾ taza	105 g
1 taza	140 g

Mantequilla (tazas)	Mantequilla (g)
¼ taza	58 g
½ taza	115 g
¾ taza	175 g
1 taza	230 g

Tazas	Cucharadas	Cucharaditas
¼ taza	4	12
⅓ taza	5	16
½ taza	8	24
⅔ taza	11	32
¾ taza	12	36
1 taza	16	48

Tazas	ml
¼ taza	60 ml
⅓ taza	80 ml
½ taza	120 ml
⅔ taza	160 ml
¾ taza	180 ml
1 taza	240 ml

Temperatura (C)	Temperatura (F)
110 C	225 F
120 C	250 F
135 C	275 F
150 C	300 F
165 C	325 F
175 C	350 F
190 C	375 F
205 C	400 F
220 C	425 F
230 C	450 F
245 C	475 F
260 C	500 F
290 C	550 F

CPSIA information can be obtained
at www.ICGtesting.com
Printed in the USA
BVHW050410220721
612423BV00022B/1147